Peter Hollmann

Mein Hamster
und ich

Fotos: Monika Wegler
Zeichnungen: Renate Holzner

Geschichten: Gabriele Linke-Grün

Inhalt

Typisch Hamster

In Wüste und Steppe zu Hause 14

Ein echter Single 16

Tabelle: So sind Hamster 16

Alle Sinne beisammen 17

TIPP vom ZÜCHTER 18

Typische Verhaltensweisen 21

Was seine Körpersprache verrät 21

TIPP vom TIERARZT 23

Was seine Lautsprache verrät 24

Test: Wie gut kennen Sie Ihren Hamster? 25

watch it

Goldene Regeln für die Haltung

10 Goldene Regeln zur Ausstattung 7

10 Goldene Regeln zur Ernährung 9

10 Goldene Regeln zur Pflege 11

take care

INHALT

Vertrauen schaffen von Anfang an

love it

TIPP vom THERAPEUTEN	28
So fühlt ein Hamster	28
Kinder und Hamster	28
Tabelle: Wunschzettel des Hamsters	29
Extra-Seiten zum Ausklappen: Vertrauen aufbauen Schritt für Schritt	32
Tabelle: Partner-Test	35
Extra-Seiten zum Ausklappen: Freilauf	36

Hamster erleben

Der Futterdieb	15
Eingeklemmt	20
Hamster mit Zahnlücke	31
Der Absturz	39
Verschollen	50
Der Wäschefan	59

Spiel und Spaß mit dem Hamster

have fun

Extra-Seiten zum Ausklappen: Abenteuerspielplatz für Hamster	42
Spiellandschaft gestalten	43
Test: Welcher Verhaltenstyp ist mein Hamster?	47
Beschäftigung groß geschrieben	48
Das gefällt Ihrem Hamster	48
Test: Der Wohlfühl-Test für Ihren Liebling	49
TIPP vom ZOOFACHHÄNDLER	51

Glücklich und aktiv im Alter

old & happy

Wie alt werden Hamster?	54
Tabelle: Was sich im Alter ändert	54
Woran Sie einen »alten« Hamster erkennen	55
TIPP vom TIERARZT	56
Wie Hamster sterben	56
Abschied vom Tier	57
Register	60

Adressen	62
Impressum	62
Steckbrief: So ist mein Hamster	64

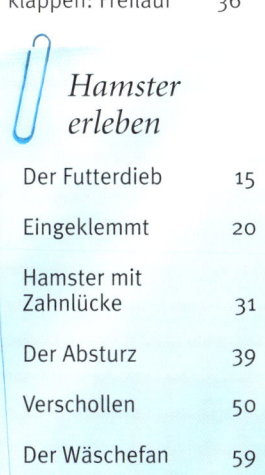

Goldene Regeln für die Haltung

Etwas unwirsch schaut dieser kleine Hamster. Wer stört ihn denn bei seiner Lieblingsbeschäftigung, Futter in die Backentaschen zu stopfen? Schließlich hat er noch viel Arbeit, weil er ja alles in sein Häuschen transportieren muss. Der Einzelgänger Hamster wird vor allem in den frühen Abend- und Nachtstunden aktiv. Tagsüber schläft er. Wenn Sie seinen natürlichen Lebensansprüchen Rechnung tragen, erweist sich der Hamster als liebenswertes, pflegeleichtes Heimtier.

TAKE CARE 5

take care

Die 10 Goldenen Regeln zur Ausstattung

1 Der Käfig Ihres Hamsters sollte mindestens 60 cm lang, 30 cm tief und 40 cm hoch sein.

2 Ein rechteckiger Käfig, ohne Schnörkelwerk, bietet die beste Raumausnutzung.

3 Die Gitterstäbe des Käfigs müssen waagerecht sein, ohne Kunststoffbeschichtung und sollten einen Abstand von etwa 12 mm haben.

4 Die Bodenwanne darf nur etwa 10 cm hoch sein, damit der Hamster die nötige Rundumsicht hat.

5 Durch Schrägen verbundene Etagen vergrößern die Grundfläche des Käfigs.

6 Futternapf aus Ton, Trinkwasserautomat und Salzleckstein sind unerlässlich.

7 Sorgen Sie für ein möglichst großes Schlafhäuschen mit Klappdeckel.

8 Als Einstreu eignen sich Strohpresslinge, Hobelspäne und Rindenmulch, zum Auspolstern des Nestes »Scharpie« oder eine Samenkapsel (→ Foto, Seite 7 oben).

9 Empfehlenswert ist ein Hamsterklo (→ Foto, Seite 10/11 oben).

10 Der Käfigstandort sollte ruhig, nicht zu kühl, eher dunkel und etwas erhöht sein.

Die 10 Goldenen Regeln zur Ernährung

1 Als ursprünglicher Wüsten- und Steppenbewohner ist Ihr Hamster ein eher bescheidenes Futterangebot gewöhnt.

2 Als Gemischtköstler nimmt er sowohl tierische als auch pflanzliche Kost zu sich, wobei der vegetarische Anteil überwiegt.

3 Neben einer Körnermischung braucht Ihr Hamster täglich etwas Saftfutter wie Obst und Gemüse sowie wenig tierisches Eiweiß in Form von Mehlwürmern, Quark oder Joghurt.

4 Frisches Trinkwasser muss ihm immer zur Verfügung stehen.

5 Haselnüsse oder Sonnenblumenkerne nur sparsam füttern – hoher Fettgehalt!

6 Knabberstangen werden gern genommen, sind aber meistens sehr kalorienreich.

7 Reichen Sie das Futter immer abends, damit es tagsüber nicht austrocknet.

8 Hamster legen sich Futtervorräte an und verzehren nur einen kleinen Teil des angebotenen Futters sofort.

9 Eingehamstertes Saftfutter am nächsten Tag aus dem Häuschen entfernen.

10 Schokolade und andere leicht schmelzende Süßigkeiten führen zu Verstopfung sowie Entzündung der Backentaschen.

Die 10 Goldenen Regeln zur Pflege

1 Käfig samt Ausstattung einmal wöchentlich mit heißem Wasser säubern und die Einstreu erneuern.

2 Algenwuchs in Tränkeflasche und Trinkröhrchen mit einer Bürste entfernen.

3 Urinecken oder Klo alle 3 Tage säubern. Es genügt, die durchnässte Einstreu mit einem Schäufelchen zu entfernen und zu erneuern.

4 Das Schlafhäuschen zwei Mal wöchentlich auf verdorbenes Frischfutter hin kontrollieren. Schimmelpilze sind lebensgefährlich!

5 Vom Nistmaterial nur die verschmutzten Teile entfernen, damit der Eigengeruch des Schlafnestes erhalten bleibt.

6 Stets frische Zweige wie z. B. von Haselnuss, Birnbaum oder Apfelbaum zum Nagen anbieten. Ziergehölze sind oft giftig!

7 Gewähren Sie Ihrem Hamster in den Abendstunden Auslauf in der Wohnung.

8 Ein Hamster putzt sich selbst intensiv. Baden ist für ihn gesundheitsschädlich.

9 Einstreu, die bei Langhaarhamstern im Fell hängen geblieben ist, täglich entfernen.

10 Lassen Sie Ihrem Hamster Zeit zum Eingewöhnen und beginnen Sie als Erstes mit Futtergaben von Hand (→ Seite 32).

Typisch Hamster

Romeo ist ein ausgesprochen attraktives Goldhamstermännchen. Er liebt es, vor der Kamera zu posieren. Kein Wunder, denn er weiß, jetzt gibt es leckeres Futter. Neugierig buddelt er in dem trockenen Laub. Braucht er zum Wohlfühlen einen Artgenossen? Nein, als Einzelgänger teilt er nicht gerne. Er genießt lieber alleine.

WATCH IT 13

watch it

In Wüste und Steppe zu Hause

Die Heimat der kleinen Hamster, die zu den beliebtesten Heimtieren gehören, sind die Wüsten- und Steppenregionen von Mitteleuropa bis Asien. Zu den bei uns in Deutschland lebenden Verwandten gehören die mittlerweile vom Aussterben bedrohten Feldhamster oder Schwarzbauchhamster.

Wer an einen Hamster denkt, hat in der Regel das Bild des Syrischen Goldhamsters vor Augen. Das wildfarbene Tier ist kurzhaarig, hat einen goldbraunen Rücken, eine weiße Bauchunterseite und dunkel pigmentierte Ohren. Daneben gibt es zahlreiche Zuchtvarianten, die sich in Färbung und Fellstruktur unterscheiden. Besonders begehrt sind cremefarbene oder gescheckte Hamster sowie Tiere mit langhaarigem Fell oder plüschartigem Haarglanz. Daneben werden auch Zwerghamster im Zoofachhandel angeboten. Zu ihnen gehören der Chinesische Zwerg- oder Streifenhamster, der Dshungarische Zwerghamster, der Roborowski-Zwerghamster und der Campbell-Zwerghamster.

Wie die meisten kleinen Nager gelangten auch die Hamster auf dem Umweg über die Versuchstierhaltung in den Zoofachhandel. Alle Goldhamster, die heute als Heimtiere gehalten werden, stammen von einem Weibchen mit 12 Jungen ab, die im Jahre 1930 in Nordsyrien bei Aleppo aus einem tiefen Bau unter der Erde ausgegraben und zu Forschungszwecken weitergezüchtet wurden. Nach Deutschland kamen Goldhamster über Amerika erstmals nach dem Zweiten Weltkrieg. Obwohl der Hamster nun seit

Hamster sind Einzelgänger, die ihr Revier auch gegenüber Artgenossen verteidigen. Nicht selten kommt es zu heftigen Beißereien.

Der Futterdieb

Romeo ist ein Hamster ganz besonderer Art. Er stiehlt wie ein Rabe und bricht regelmäßig aus seinem Käfig aus. Letzte Nacht gelang ihm ein Meisterstück:

Unsere alte Hundedame Sally lag bereits in tiefem Schlaf, ein Stückchen entfernt stand ihr Futterschüsselchen, gefüllt mit leckeren Hundeflocken. Plötzlich bekam Romeo wohl Heißhunger auf Hundeflocken. Beharrlich bearbeitete er so lange die Käfigtüre mit seinen geschickten Vorderpfötchen, bis sie schließlich nachgab und aufsprang. Wieder einmal hatte sich seine Ausdauer gelohnt!
Eilig kletterte er am Käfiggitter hinunter, huschte an der schlafenden Sally vorbei und stopfte sich eine Riesenportion Hundeflocken in die Backentaschen. Dann nichts wie ab in den Käfig, denn die Vorräte wollte Romeo ja in seinem Häuschen deponieren. Vier bis fünf Mal musste er den Weg an Sallys hervorragender Nase vorbei machen, bis das Futterschüsselchen leer war.
Wir kamen dem kleinen Futterdieb nur dadurch auf die Schliche, weil wir am nächsten Tag zufällig in sein Häuschen schauten. Mitten in einem Berg Hundeflocken lag unser kleiner Hamster zusammengerollt und schlief friedlich.
Schließlich musste er sich ja von den anstrengenden Ausflügen der letzten Nacht erholen! Sally jedenfalls schaute ziemlich verdutzt, als sie am Morgen vor ihrem leeren Futternapf stand.

zahllosen Generationen in der Obhut des Menschen lebt, gilt er als nicht domestiziert, das heißt, er hat sein Verhalten auch im Laufe dieser langen Zeit kaum dem Menschen angepasst. Er zeigt noch immer das Verhalten eines Wildtieres.

Ein echter Single

In ihrer natürlichen Umgebung kommen Hamsterweibchen und -männchen nur zur Paarung zusammen. Anschließend trennen sich ihre Wege wieder. Also kann man den Hamster als echten Single bezeichnen. Infolge der kargen Wüsten- und Steppenvegetation braucht ein Hamster, um sich ausreichend ernähren zu können, ein relativ großes Gebiet, das er gegenüber fremden Artgenossen heftig verteidigt. Diese ausgeprägte Bereitschaft zur Revierverteidigung zeigen Hamster auch im Käfig. Vor allem in kleinen Käfigen, die keine Möglichkeit zur Flucht und zum Verstecken bieten, kann es zu heftigen Beißereien kommen.

Selbst bei Wurfgeschwistern, die sich wegen des gleichen Nestgeruchs gut vertragen, sind mit dem Älterwerden Streitigkeiten vorprogrammiert. In den meisten Fällen dominiert einer der Hamster und treibt den anderen aus dem Schlafhäuschen oder verjagt ihn vom Futterplatz. Für das unterlege-

So sind Hamster

→ Hamster leben überwiegend als Einzelgänger und gehören zur Familie der Wühler (*Cricetidae*).

→ Hamster sind Nagetiere, deren Schneidezähne ständig nachwachsen und daher abgenutzt werden müssen.

→ Der Hamster kann seine Backentaschen von der Lippenspalte bis zum Beckengürtel ausdehnen.

→ Hamster werden vor allem abends und nachts aktiv, tagsüber schlafen sie.

→ Hamster sind überwiegend Pflanzenfresser, benötigen aber auch hin und wieder tierisches Eiweiß.

→ Sie werden nur 2 bis 3 Jahre alt.

→ Hamster brauchen viel Bewegung.

→ Das wichtigste Sinnesorgan ist für den Hamster die Nase. Er kann sogar »seinen« Menschen am Geruch unterscheiden.

→ Auf weitere Entfernung sehen Hamster schlecht. Im Tageslicht sind sie fast blind.

ne Tier bedeutet dies immer Dauerstress und damit erhöhte Anfälligkeit gegenüber Krankheiten sowie eine kürzere Lebenserwartung.

Zwerghamster dagegen zeigen wohl auf Grund ihres geringen Futterbedarfs ein weniger stark entwickeltes Revierverhalten. Sie können in einem großen Käfig mit entsprechenden Versteck- und Rückzugsmöglichkeiten durchaus zu zweit gehalten werden. Zwei Männchen vertragen sich dabei besser als ein Männchen mit einem Weibchen.

Die oft als nachteilig empfundene Unverträglichkeit der Hamster hat aber für die Haltung als Heimtier auch einen positiven Aspekt.

Im Gegensatz zu den meisten anderen Kleinsäugern, die paarweise oder in Familienverbänden leben, sind Hamster auf Grund ihrer solitären Lebensweise ideal für die Einzeltierhaltung. Alleinsein bereitet ihnen kein Problem. Sie sind die geborenen Eigenbrötler.

Alle Sinne beisammen

Bei der Orientierung in der Umwelt steht für den Mensch das Auge an erster Stelle. Dann folgt das Gehör, und zuletzt kommt der Geruchssinn. Beim Hamster ist die Reihenfolge umgekehrt. Er erhält die wichtigsten Informationen über seine Nase und über die Ohren. Vor den Augen rangieren in der Wertigkeit jedoch noch seine Tasthaare, die sogenannten Vibrissen.

Riechen: So wie wir uns optisch das Aussehen eines Menschen merken können, speichert der Hamster Duftbilder und erkennt mit ihrer Hilfe auch nach längerer Zeit Artgenossen, Feinde und auch »seinen« Menschen. Pärchen oder Sippenangehörige erkennen sich am Gruppengeruch, der über aggressives beziehungsweise friedliches Verhalten entscheidet.

Um den Hamster hochzuheben, sollten Sie beide Hände zu einer Mulde zusammenlegen.

TIPP vom ZÜCHTER

Da die Lebenserwartung des Hamsters nur etwa 2 Jahre beträgt, sollten Sie ein etwa 4 Wochen altes Tier kaufen. Es hat dann mehr als die Hälfte seiner Körpergröße erreicht. So können Sie sicher sein, dass Sie kein halbjähriges oder ein noch älteres Tier erworben haben.

Futter wittert der Hamster über weite Entfernungen. Sie können seinen Geruchssinn testen, indem Sie während des Freilaufs in der Wohnung an mehreren Stellen Futter auslegen. Er wird auch die verstecktesten Plätze finden und alles zu seinem Häuschen tragen. Damit bieten Sie ihm gleichzeitig Anreize zu sinnvoller Bewegung. Durch die Duftmarken, die der Hamster über seine Talgdrüsen beiderseits an den Flanken durch Reiben an markanten Stellen anbringt, sowie durch Absetzen von Kot und Harn, findet er sich auch bei Dunkelheit in seinem Umfeld zurecht. Gleichzeitig signalisiert er damit gegenüber Eindringlingen seinen Revieranspruch.

Zwerghamster besitzen statt der Flankendrüsen die so genannten Ventraldrüsen an der Bauchunterseite.

Mit Hilfe seiner Duftmarken findet der Hamster übrigens auch während des Freilaufs in der Wohnung wieder in seinen Käfig zurück.

➜ Das tut Ihrem Hamster gut: Wenn Sie Ihr Hamster im wahrsten Sinne des Wortes nicht riechen kann, sollten Sie ihm etwas Hilfestellung geben, indem Sie Ihre Hände zur Begrüßung mit etwas Einstreu aus seinem Käfig einreiben. Er schätzt es nicht, wenn Sie nach Seife oder einem Körperspray duften – er bevorzugt seine »Hausmarke«.

Hören: Das akustische Wahrnehmungsvermögen der Hamster ist sehr hoch entwickelt und kann auch Frequenzen aus dem Ultraschallbereich wahrnehmen. Dies ist nicht nur zum Schutz vor Feinden von Bedeutung, sondern dient auch der innerartlichen Verständigung. So weiß man, dass vor allem Jungtiere durch für andere unhörbare Laute die Mutter herbeirufen können, wenn es ihnen nach Verlassen des Nestes zu kalt ist oder wenn sie Hunger haben und trinken möchten. Es scheint auch so, als ob Hamster Stimmlaute differenzieren können und den Pfleger nach einiger Zeit erkennen, wenn er immer dieselben Worte, beispielsweise zur Begrüßung, verwendet. Um während des Tages ungestört schlafen zu können, faltet der Hamster seine Ohrmuscheln zusammen.

Angesichts der hoch sensiblen Ausstattung seines Hörorgans wird es verständlich, warum er seinen Tagesschlaf in der Natur tief unter der Erde hält.

➜ Das tut Ihrem Hamster gut: Damit Ihr Hamster ungestört schlafen kann, sollten Sie für einen sehr ruhigen Käfigstandort sorgen.

Sehen: Als Nachttier verfügt der Hamster über kein besonders gutes Sehvermögen. Farb- und Formsehen sind wahrscheinlich nur unzureichend ausgeprägt. Dagegen ist er in der Lage, mit seinen seitlich angesetzten Kugelaugen seinen gesamten Umkreis mit einem Blick zu erfassen. Allerdings ist er für unsere Begriffe etwas kurzsichtig, denn er kann kaum weiter als auf 1 m Abstand Konturen scharf erkennen. Bewegungen, wie das Annähern von Feinden, werden jedoch auch aus größerer Entfernung wahrgenommen.

Bei Tageslicht ist der Hamster nahezu blind. Das erklärt seine oft zu beobachtende Schreckhaftigkeit, wenn er plötzlich in eine ungewohnte Umgebung kommt. Auch seine Sturzgefährdung hängt damit zusammen.

Man kann sich gut vorstellen, dass er kein Helligkeitsfanatiker ist und den Tag lieber verschläft, als mehr oder weniger orientierungslos herumzutapsen.

➜ Das tut Ihrem Hamster gut: Hat Ihr Hamster Freilauf im Zimmer, sollten Sie sich besonders vorsichtig bewegen. Da der Hamster schlecht sieht, kann es passieren, dass er Ihnen unvermittelt vor die Füße läuft und Sie ihn ungewollt verletzen.

Tasten: Ebenfalls dem Zurechtfinden bei Nacht dienen seine Tasthaare im Gesicht, seitlich am Körper und an den Vorder- und Hinterbeinen. Mit Hilfe dieser Vibrissen nimmt der Hamster Hindernisse wahr, die sich ihm in den Weg stellen. Außerdem kann er besser abschätzen, ob die Öffnung einer Höhle oder ein Versteck groß genug für ihn sind. Die Sensoren zum Einparken, die die Autoindustrie als große Neuheit anpreist, hat er also längst.

➜ Das tut Ihrem Hamster gut: Damit Ihr Hamster seinen Tastsinn ausgiebig einsetzen kann, sollten Sie ihm im Käfig Versteckmöglichkeiten in Form von Rindenstücken, Schächtelchen, leeren Papprollen oder unterlegten Steinplatten einrichten.

Die Vorderpfoten gebraucht der Hamster nicht nur zum Putzen, sondern auch zum Festhalten der Nahrung.

Eingeklemmt

Romeo darf jeden Abend einen Ausflug ins Wohnzimmer machen. Sein erster Weg führt ihn dann immer zur Stereoanlage. Nicht etwa wegen der Musik, sondern weil er hier jeden Tag eine Haselnuss von mir bekommt – und Haselnüsse liebt er nun mal über alles. Es ist putzig zu beobachten, wie er die Nuss zwischen die Vorderpfötchen nimmt und sie dann mit den Zähnchen bearbeitet, bis sie geknackt ist. Dann puhlt er eifrig den Kern heraus und schiebt ihn sich genussvoll in die Backentaschen. Gestern wurde Romeo nicht nur mit einer Nuss belohnt, sondern ich legte ihm auch eine Pappröhre zum Hineinkriechen auf den Fußboden. Beim Bücken stieß ich versehentlich eine Dose mit Erdnusskernen vom Tisch. Das war natürlich ein gefundenes Fressen für Romeo. Ruckzuck stopfte er sich die Backentaschen voll und verschwand eiligst in der Pappröhre. Doch plötzlich steckte Romeo fest. Er hatte offenbar so viele Erdnusskerne "geladen", dass er nicht mehr durch die Röhre paßte. Lachend hob ich die Röhre samt Romeo hoch und trug sie zum Käfig. Beim Schräghalten der Röhre rutschte Romeo wie auf einer Rutschbahn in den Käfig hinein. Etwas verdutzt schnupperte er. Ja, hier kannte er sich aus. Sofort rannte er in sein Häuschen und leerte dann in aller Ruhe seine Backentaschen aus. Für die nächsten Tage hatte er jedenfalls genügend Leckerbissen gehamstert.

Spüren: Da Hamster auf weite Entfernungen Bodenerschütterungen und Luftbewegungen registrieren können, dürften sie ähnlich manchen Vögeln eine Art Vibrationsorgan besitzen oder zumindest eine besondere Sensibilität in dieser Richtung entwickelt haben.
➔ Das tut Ihrem Hamster gut: Der Hamsterkäfig muss absolut erschütterungsfrei stehen und nicht etwa auf der Spülmaschine. Ein Käfig, der ständig erschüttert wird, verursacht dem Hamster Dauerstress und macht ihn krank.

Typische Verhaltensweisen

Jedes Tier verfügt über typische Verhaltensweisen, die ihm helfen, bestimmte Tätigkeiten auszuüben, und es ihm ermöglichen, die unterschiedlichen Lebenssituationen zu bewältigen. Je höher entwickelt ein Lebewesen ist, desto zahlreicher und vielgestaltiger sind seine Verhaltensweisen. Ein Teil des Verhaltens wird vererbt, ein Teil in der frühkindlichen Prägephase von den Eltern erlernt.

Die Verhaltensweisen des Hamsters sind auf seine speziellen Erfordernisse als einzeln lebendes, nachtaktives Beutetier der Wüsten- und Steppengebiete abgestimmt.

Sein Verhalten wird in erster Linie durch Fluchtbereitschaft und Revierverteidigung bestimmt. Deshalb ist seine Körper- und Lautsprache nicht so ausgeprägt wie bei anderen Kleinsäugern, die in einer dauernden Partnerschaft oder in einem Rudelverband leben. Man kann daher vom Hamster keine besonderen sozialen Verhaltensweisen oder Begrüßungsrituale wie bei Hund und Katze erwarten.

Was seine Körpersprache verrät

Wenn Sie die Körpersprache Ihres Hamsters richtig deuten, lernen Sie, Ihr Tier viel besser zu verstehen.

Aufsetzen der Nase auf dem Boden in rascher Folge: Wenn Sie dieses Verhalten beobachten,

Dieser kleine Wicht macht sogar Klimmzüge, um an die leckeren Haselnüsse heranzukommen.

sollten Sie nachsehen, ob Ihr Hamster noch etwas im Futterschälchen hat. Denn so verhält er sich, wenn er Hunger verspürt und sich auf Futtersuche begibt.

→ Das tut Ihrem Hamster gut: Falls das Tier gerade Freilauf im Zimmer hat, können Sie ihm an verschiedenen Stellen des Raumes etwas auslegen. Sie bieten ihm dadurch die Möglichkeit, seinen Bewegungsdrang etwas zu kompensieren, wenn er das Futter über eine längere Wegstrecke in den Backentaschen zu seinem Vorratshäuschen tragen muss.

Hastiges Entlanglaufen an der Wand: Ihr Hamster sucht Schutz und fürchtet sich, den freien Raum zu durchqueren. In natürlicher Umgebung würde er auf diese Weise Beutegreifern die geringste Angriffsmöglichkeit bieten, da senkrechte Wände ein Hindernis für den schnellen Anflug darstellen. Auch beim Freilauf in der Wohnung möchte der Hamster auf einen gewissen Deckungsschutz nicht verzichten.

→ Das tut Ihrem Hamster gut: Sorgen Sie auch im Raum für Versteckmöglichkeiten wie etwa leere Papprollen oder Kartons, die mit Öffnungen zum Hineinkriechen versehen sind.

Unvermitteltes Innehalten in Verbindung mit hektischem Putzen: Wenn der Hamster beispielsweise das Aufsammeln von Futter ganz plötzlich unterbricht, sich aufrichtet und hektische Putzbewegungen macht, signalisiert er Nervosität und Verlegenheit. Er hat etwas registriert, was ihn verunsichert, und er möchte sich

Klarheit verschaffen. Mit Hilfe des Putzens sucht er sein Wahrnehmungsvermögen zu verbessern.

➔ Das tut Ihrem Hamster gut: Vermeiden Sie hektische Bewegungen, wenn Sie sich dem Hamsterkäfig nähern. Sprechen Sie das Tier beim Näherkommen stets leise an.

Aufrichten des Oberkörpers mit nach unten weisenden Laufflächen der Vorderpfötchen: Bei dieser Körperhaltung wird zusätzlich die Nase witternd nach oben gestreckt, und die Ohren werden steil aufgerichtet. Vor allem bei lauten Geräuschen oder bei plötzlichem Annähern ist dieses Verhalten zu beobachten. Es wird als Sichern bezeichnet, drückt aber auch Neugierde aus.

Aufrichten des Oberkörpers mit nach oben weisenden Laufflächen der Vorderpfötchen: Während beim Sichern der Oberkörper leicht nach vorn gestreckt wird, weicht er nun etwas nach hinten aus. Gleichzeitig werden bei dieser Abwehrbereitschaft ausdrückenden Stellung die Ohren angelegt und die Schneidezähne entblößt. In einer solchen Situation ist mit dem Hamster nicht gut Kirschen essen. Man lässt ihm besser Zeit zur Beruhigung, bevor man eine erneute Kontaktaufnahme versucht.

Der Hamster wirft sich auf den Rücken und bläst die Backentaschen auf: Diese blitzschnelle Aktion wird meistens von gefährlichem Fauchen mit angelegten Ohren und nach oben gerichteten Sohlenflächen aller vier Gliedmaßen begleitet. Sie bedeutet höchste Alarmstufe – Supergau! Also Hände weg!

Stelzbeiniges Gehen mit hochgerecktem Hinterteil und aufgestelltem Schwänzchen: Besonders beim Zusammentreffen von Junghamstern mit älteren Tieren kann man das als Demutshaltung bezeichnete Ausdrücken von Unterwerfung beobachten.

Luftsprünge: Nicht nur beim Menschen gelten Luftsprünge als Zeichen von Übermut und Lebensfreude. Auch Hamster im Teeniealter drücken so ihre Lebensfreude aus, indem sie wie Flöhe im Käfig herumhüpfen. Diese Entwicklungsphase der Junghamster nennt man deshalb das »Flohalter«.

Strecken und Gähnen: Nachdem der Hamster seinen ausgedehnten Schlaf während der hellen Tageszeit beendet hat, kommt er mit Beginn der Dämmerung aus seinem Häuschen. Dabei gähnt

TIPP vom TIERARZT

Sollte sich der Hamster einmal in Ihren Finger verbeißen, versuchen Sie nie, ihn im ersten Schock wegzuschleudern! Das kann für ihn tödliche Folgen haben. Versuchen Sie, den kleinen Angreifer auf eine ebene Fläche zu setzen. Er lässt dann sofort los.

Bis zum Bauch im Sand eingebuddelt bearbeitet der Hamster die Sonnenblume geschickt mit seinen Vorderpfötchen. Die frischen Kerne schmecken aber auch zu gut.

er wiederholt und streckt sich genüsslich nach allen Seiten. Diese Dehnübungen macht ein Hamster jedoch nur, wenn er mit der Welt im Reinen ist, und drückt auf diese Weise Zufriedenheit und Wohlbefinden aus.

Lang anhaltendes, gründliches Putzen: Wie das Gähnen und Strecken gehört auch das intensive Belecken und Durchkämmen des Fells mit den Vorderpfötchen zum so genannten Komfortverhalten der Hamster. Es ist ebenfalls ein Zeichen von Wohlbehagen und Ausgeglichenheit.

Es wird so viel in die Backentaschen gestopft, wie hineinpasst – und dann ab ins Häuschen!

Was seine Lautsprache verrät

Die Lautsprache des Hamsters ist wie seine Körpersprache auch mehr auf Konfrontation als auf Austausch von Liebenswürdigkeiten oder »Smalltalk« ausgerichtet. Frei übersetzt heißt:

Maunzen und Knurren: »Fass mich nicht an – heute hab' ich Frust! «

Fauchen: »Hau' ab! Sonst scheppert's!«

Zähnewetzen: »Nimm dich in Acht! Ich habe noch alle Zähne!«

Quieken: »Das war zu viel! Beim Beißen hört der Spaß auf!«

Kreischen: »Jetzt reicht's! Das ging eindeutig unter die Gürtellinie!«

Wie gut kennen Sie Ihren Hamster?

Wenn Sie Ihren Hamster artgerecht halten möchten, müssen Sie über ein gewisses Sachwissen zu seiner Biologie verfügen. Testen Sie sich anhand der nachstehenden Fragen, und geben Sie sich selbst eine Note:

	JA	NEIN
1 Leben Hamster in Rudeln?	○	○
2 Brauchen sie einen ständigen Geschlechtspartner?	○	○
3 Zählen Hamster zu den tagorientierten Tieren?	○	○
4 Sind Zwerghamster bissiger als Goldhamster?	○	○
5 Besitzen Hamster ständig nachwachsende Backenzähne?	○	○
6 Benötigen Hamster als Wüstentiere überhaupt Wasser?	○	○
7 Darf man ihnen ab und zu ein Stückchen Schokolade geben?	○	○
8 Soll man ihnen manchmal Mehlwürmer als Lebendfutter anbieten?	○	○
9 Helfen die Männchen den Weibchen bei der Aufzucht der Jungtiere?	○	○
10 Benötigen Hamster frische Äste und Zweige als Nagematerial?	○	○
11 Eignen sich Bastfäden als Polstermaterial für das Schlafnest?	○	○
12 Ist für den Hamster die Nase das wichtigste Sinnesorgan?	○	○

Auflösung: 1 = Nein; 2 = Nein; 3 = Nein; 4 = Nein; 5 = Nein; 6 = Ja; 7 = Nein; 8 = Nein; 9 = Nein; 10 = Ja; 11 = Nein; 12 = Ja

Vertrauen

Archie liebt Knabberkekse. Die darf ihm Ines sogar mit der Hand reichen. Allerdings hat es eine ganze Weile gedauert, bis Archie Vertrauen zu Ines hatte. Aber jetzt weiß er, dass ihm von Ines keinerlei Gefahr droht.

schaffen
von Anfang an

TIPP vom THERAPEUTEN

Im Wesen unterscheiden sich Männchen und Weibchen kaum voneinander. Den Männchen wird nachgesagt, dass sie etwas friedliebender seien. Bei zu fetthaltiger Fütterung neigen sie eher zum Dickwerden. Außerdem verströmen sie manchmal einen etwas strengeren Geruch.

So fühlt ein Hamster

Generell muss man sich davor hüten, Gefühle des Menschen auf ein Tier zu übertragen. Das so genannte Vermenschlichen führt häufig zu Fehlinterpretationen von Verhaltensweisen, die man beobachtet hat. Wie den meisten Kleinsäugern fehlt auch dem Hamster weitgehend eine ausgeprägte Laut- und Körpersprache, um Freude, Trauer, Zufriedenheit oder Frust auszudrücken – sofern man diese Gefühle bei ihm überhaupt voraussetzen kann. Am plausibelsten lässt sich die Empfindungswelt des Hamsters erklären, wenn man dazu seine natürlichen Verhaltensweisen zu Rate zieht.

Einem unverbesserlichen Einzelgänger wie dem Hamster ist Gesellschaft meistens lästig. Von Natur aus besitzt er eine ausgesprochene Kontaktscheu und ist sich selbst genug. Man muss ausloten, ob er gerade in Stimmung für ein Date ist oder ob er lieber ungestört sein möchte.

Keinesfalls darf man ihn zu irgendwelchen Aktivitäten zwingen, mögen sie uns auch noch so interessant oder kurzweilig erscheinen. Zwang empfindet er als Stress, und die Hand, die ihn gegen seinen Willen von oben ergreift und irgendwo hinsetzt, flößt ihm Angst ein. In diesem Zusammenhang drängt sich das Bild vom Riesen Gulliver auf, der in seiner riesigen Faust ein ängstlich zappelndes Männlein festhält. Genauso ausgeliefert mag sich ein kleiner Hamster in der Hand des Menschen fühlen. Bei ihm nennt man dies den Beutegreifeffekt. In freier Natur gelten Hamster, wie viele andere Kleinsäuger, als Beutetiere für Greifvögel. Deshalb verbinden sie alles, was sich unvermittelt von oben annähert, mit drohender Lebensgefahr und reagieren mit Ängstlichkeit und Fluchtverhalten.

Kinder und Hamster

Nicht jedem Kind, das einen Hamster haben möchte, kann man diesen Wunsch erfüllen. Derart kleine Lebewesen setzen ein weitaus höheres Maß an Einsichtigkeit und Behutsamkeit im Umgang voraus als Hund und Katze. Schon eine Ungeschicklichkeit beim Hochheben oder ein Sturz von der Tischkante können lebensgefährliche Verletzungen hervorrufen. Das Skelett dieser Tiere ist im Vergleich zur übrigen Körpermasse sehr zart und entsprechend anfällig für Knochenbrüche. Besonders die kleinen Zwerghamster mit nur 60 bis 80 g Körpergewicht sind in dieser Hinsicht gefährdet.

Hinzu kommt, dass kleine Kinder oft noch sehr tollpatschig sind und grob zufassen, weil die Feinmotorik ihrer Finger noch nicht voll entwickelt ist und sie ihre Bewegungen nicht entsprechend abstimmen können.

Warum üben gerade Hamster auf Kinder so eine starke Faszination aus?

Dies hat seinen Grund vor allem darin, dass sie durch ihr äußeres Erscheinungsbild das so genannte Kindchenschema in idealer Weise verkörpern: Großer Kopf, eine relativ hohe Stirn, knopfartig hervortretende, ausdrucksvolle Augen und eine starke Wangenpartie. Dieses Aussehen erinnert Kinder an ihre kleineren Geschwister, an Puppen oder Teddybären. Das weiche, durch seine warmen Farben ansprechende Fell des Hamsters animiert zum Streicheln und Kuscheln.

Doch der Hamster ist kein Spielzeug – er ist ein Tier zum Beobachten.

Kinder sollten mindestens 12 Jahre alt sein, bevor man ihnen einen Hamster kauft. In diesem Alter erwacht häufig die Lust, etwas zu ergründen oder zu entdecken. In Bezug auf genaues Beobachten sind meines Erachtens Kinder

Wunschzettel des Hamsters

Das mag er:

1. Der Hamster liebt schummrige Beleuchtung.

2. Er möchte es gemütlich warm.

3. Tagsüber braucht er ungestörten Schlaf.

4. Ein gut gepolstertes Schlafhäuschen sorgt für Behaglichkeit.

5. Er will viel laufen und sein Umfeld erkunden.

6. Ohne Nagematerial zur Zahnabnutzung geht es nicht.

7. Der Hamster braucht seinen Stallgeruch, um sich heimelig zu fühlen.

8. Leise Backgroundmusik empfindet er als angenehm.

Das mag er nicht:

1. Er verabscheut grelles Licht.

2. Raumtemperaturen unter 15 °C sind ihm unangenehm.

3. Bodenerschütterungen und laute Stimmen stören den Tagesschlaf.

4. Er will nicht geweckt und unvermittelt hochgehoben werden.

5. Zugluft, Zigarettenrauch und hohe Luftfeuchte begünstigen Atemwegsinfektionen.

6. Er verabscheut Seifen- und Desinfektionsmittelgerüche an den Händen.

7. Alles Hektische ist ihm zuwider.

8. Er mag nicht abwärts klettern.

den Erwachsenen überlegen. Als Tierarzt erfahre ich in der Sprechstunde die exakten Details beim Erfragen des Krankheitsvorberichtes immer von Kindern. Sie schauen den Tieren oft stundenlang zu, registrieren jede Abweichung vom Normalzustand und liefern mit ihren präzisen Angaben manchmal die halbe Diagnose.

Für alles, was man den Kindern in Zusammenhang mit Tieren beibringen möchte, sollte man eine logische Begründung geben. Also kein bloßes Verbot aussprechen wie »Das darf man nicht!«, sondern erklären nach dem Motto »Das geht nicht, weil ...« So können Eltern durch Interesse und Anteilnahme bei der Haltung eines Hamsters das Naturverständnis ihrer Kinder positiv beeinflussen. Solche Kinder kommen nie auf die Idee, einer Fliege oder einem Käfer die Flügel oder die Beine einfach aus Spielerei auszureißen.

Zu den wichtigsten Hinweisen im Zusammenhang mit der Haltung eines Hamsters gehört, dass der Hamster ein dämmerungs- und nachtaktives Tier ist, das tagsüber ungestört schlafen will und absolute Ruhe braucht.

Ebenso nötig ist die Erklärung, warum ein Hamster das Berühren mit der Hand nicht unbedingt als Zeichen der Zuneigung verspürt und eher wegläuft, als sich anzuschmiegen. Ein Hamster reagiert ängstlich, weil ihm der Geruch der Hand fremd ist und sein Instinkt ihm Zurückhaltung signalisiert. Sympathischer wirkt die Hand, wenn sie vor dem Streicheln ein paar Mal in die Käfigeinstreu gefasst hat und nach Hamster »duftet«. Das macht vertraut!

Hamster haben einen ausgeprägten Geruchssinn. Lassen Sie Ihren Hamster stets an Ihren Händen riechen, wenn Sie ihn hochnehmen möchten. Er erkennt Sie an Ihrer persönlichen Duftnote.

Hamster mit Zahnlücke

Romeo ist seit zwei Tagen zahnlos, genauer gesagt, einer seiner Nagezähne ist abgebrochen. Und das kam so: Wie jeden Abend durfte Romeo auch am Samstag frei im Zimmer umherlaufen. Ich aber war ziemlich in Eile, und deshalb wollte ich ihn früher als sonst in seinen Käfig zurücksetzen. Also packte ich Romeo wohl ein wenig ungeschickt am Nackenfell und tat ihm dabei offenbar weh. Blitzschnell drehte er sein Köpfchen und hieb mir seine scharfen meißelförmigen Nagezähnchen in den Finger. Ich schrie vor Schmerz auf und ließ Romeo im ersten Reflex sofort los. Das sollte man auf keinen Fall tun, denn schon bei einem Sturz aus geringer Höhe kann sich ein Hamster alle Knochen brechen. Aber Romeo fiel nicht, sondern hing immer noch festgebissen an meinem Finger. Schnell setzte ich ihn zurück auf den Boden und versuchte ihn vorsichtig mit der anderen Hand abzustreifen. Dabei passierte es – Romeo rannte weg und versteckte sich unter dem Schrank. Doch in meinem Finger steckte einer seiner Nagezähne. Ich war vor Schreck wie gelähmt. Oh Gott, dachte ich, jetzt muss mein armer Romeo verhungern! Glücklicherweise kam es aber anders. Zwar konnte Romeo in nächster Zeit keine Nüsse mehr knacken, doch das übliche Körnerfutter bereitete ihm keine Probleme. Drei Wochen später präsentierte sich Romeo mit neuer Zahnpracht – die Nagezähne waren nachgewachsen.

Vertrauen aufbauen Schritt für Schritt

Bei der Eingewöhnung Ihres Hamsters müssen Sie sehr behutsam vorgehen. Je einfühlsamer Sie sich verhalten, desto schneller wird das Tier sich in seiner neuen Umgebung einleben, rasch zutraulich und schließlich handzahm werden.

Sein neues Zuhause muss der Hamster zunächst einmal in Ruhe erkunden. Er kennt sich hier ebenso wenig aus wie wir in einer fremden Wohnung, in der wir die Lichtschalter oder den Kühlschrank suchen. Etwas leichter wird die Eingewöhnung, wenn Sie dem Tier ein wenig Einstreu und Polstermaterial aus seinem alten Käfig im Zoofachgeschäft in seine neue Behausung legen.

Ein weiterer wichtiger Punkt ist die so genannte Stimmungsübertragung. Dies bedeutet nicht, dass man den Hamster mit Fröhlichkeit oder Trauer im Sinne von Lachen oder Weinen anstecken kann, sondern dass sich die momentane Grundstimmung des Menschen auf das Tier überträgt. Vor allem Nervosität und Hektik im negativen sowie Ruhe und Gelassenheit im positiven Sinne werden von den Tieren registriert. Mit einem Wort – Streß vermeiden!

Tommy und sein Hamster mögen sich. Der Grundstein zum gegenseitigen Vertrauen ist bereits gelegt.

Hamster und andere Heimtiere

Beim Hamster entscheidet vor allem die Nase, ob er sich mit jemandem einlässt oder nicht. Doch fast alle anderen Heimtiere »stinken« ihm, sogar seine eigenen Artgenossen. Lediglich in der Brunstzeit sind Mann und Frau einander zugetan. Dabei kommt insgesamt nicht einmal eine Flitterwoche heraus, bestenfalls zwei oder drei Tage. Zwerghamster bilden hier eine Ausnahme. Keinesfalls sollten Sie Ihren Hamster mit anderen kleinen Nagern oder gar mit Hund und Katze zusammenbringen. Fast immer gibt es Mord und Totschlag – entweder stimmt die Chemie nicht, was den Geruch angeht, oder die unterschiedlichen Größenverhältnisse und der Jagdtrieb bereiten Probleme.

Der Partner-Test

	Goldhamster	Zwerghamster	Farbmaus	Farbratte	Meerschweinchen	Kaninchen	Katze	Hund
Goldhamster	💣	💣	〰️	💣	〰️	💣	💣	💣
Zwerghamster	💣	🙂	〰️	💣	〰️	💣	💣	💣
Farbmaus	〰️	〰️	🙂	💣	〰️	💣	💣	💣
Farbratte	💣	💣	💣	🙂	〰️	💣	💣	💣
Meerschweinchen	〰️	〰️	〰️	〰️	❤️	🙂	💣	🙂
Kaninchen	💣	💣	💣	💣	🙂	🙂	💣	🙂
Katze	💣	💣	💣	💣	💣	🙂	❤️〰️	🙂
Hund	💣	💣	💣	💣	🙂	🙂	💣	🙂

❤️ Vertragen sich bestens   💣 Mord und Totschlag   〰️ Sind sich schnuppe   🙂 Aneinander gewöhnen

4 Frei von Angst

Während der Hamster mit der Annahme der dargebotenen Leckerbissen beschäftigt ist, versuchen Sie nun, ihn mit den Fingern der anderen Hand vorsichtig am Kopf zu kraulen. Sobald er das als angenehm empfindet und die Berührung auch ohne Leckerbissen duldet, können Sie Ihren Hamster als »fingerzahm« bezeichnen und zum nächsten Schritt übergehen.

5 Freundschaft besiegelt

Wenn der Hamster beginnt, sich schnuppernd für die Hand zu interessieren und sie gar hinaufklettert, ist das Eis vollends gebrochen. Dabei lässt man das Tier selbst entscheiden, wie schnell es diese letzte Hürde nehmen möchte. Üben Sie auf keinen Fall Zwang aus. Das verunsichert Ihren Hamster und macht oft alles bislang Erreichte sofort wieder zunichte!

6 Völlig entspannt

Nach einiger Zeit wird der Hamster Spuren seines körpereigenen Geruchs an Ihnen feststellen und von sich aus den Handkontakt suchen. Dabei spielt auch die Wärme der Haut eine große Rolle. Achten Sie darauf, dass Ihre Hände beim Hochheben des Hamsters warm sind und nicht etwa nach Parfüm, Seife oder scharfen Haushaltsreinigern riechen.

1 Neugierig machen

Zunächst müssen Sie den Hamster an die Gegenwart Ihrer Person gewöhnen. Er merkt sehr bald, dass ihm von Ihnen keinerlei Unannehmlichkeit droht, und erkennt Sie an Ihrer Schrittfolge, am Klang Ihrer Stimme und an Ihrer Silhouette. Deshalb sollte beim Annähern immer dasselbe Ritual ablaufen: Treten Sie langsam an den Käfig heran, nehmen Sie davor Platz und schauen Sie dem Hamster zu, ohne ihn auf sich aufmerksam zu machen.

2 Hantieren am Käfig

Die nächste Stufe, Vorbehalte abzubauen, geht über einfache Handlungen am Käfig: Öffnen des Türchens, Auffüllen des Futterschüsselchens sowie der Tränkeflasche, kontrollieren des Schlafhäuschens und vorsichtiges Abnehmen des Gitteraufsatzes zum Erneuern der Einstreu. Dabei sollten Sie den Hamster immer im Auge behalten, denn wenn er erschrickt, kann es passieren, dass er versucht, Reißaus zu nehmen.

3 Füttern mit der Hand

Die erste direkte Kontaktaufnahme beginnt mit dem Verabreichen von Leckerbissen, z. B. Birnen- oder Apfelschnitze oder ein Mehlwurm, zwischen Daumen und Zeigefinger durch die Gitterstäbe des Käfigs. Hat der Hamster die ersten Teilchen entgegengenommen und in den Backentaschen verstaut, hält man die nächsten Stückchen etwas stärker fest, damit er länger an den Fingern bleiben muss.

Freilauf im Zimmer

Nach ausgiebigem Schlafen möchte sich Ihr Hamster zunächst einmal richtig satt essen und dann auf Erkundung ausgehen. Wo kann er das besser als bei einem Ausflug im Zimmer? Eilig läuft er hin und her, schnuppert hier, schnuppert da. Seine Sinne werden hellwach.
Teppich und Tapete versprechen ein hervorragendes Nistmaterial abzugeben, Möbelstücke dienen als herrlich sichere Schlupfwinkel, und mancher Gegenstand wird für ihn zum Trimm-Dich-Gerät. Doch bevor Sie Ihrem Hamster das Zimmer zur Verfügung stellen, sollte er unbedingt handzahm sein. Nur dann lässt er sich ohne Probleme wieder zurück in den Käfig setzen. Allerdings hilft auch manchmal ein Trick: Legen Sie einfach Leckerbissen wie etwa Trockenfrüchte bis hin zum Käfig aus. Ihr Hamster wird sich diese Futterstraße nicht entgehen lassen und schließlich ganz unbewusst im Käfig landen. Und noch etwas: Lassen Sie den Hamster nur auf dem Boden laufen. Bereits Stürze aus geringer Höhe können infolge seines zierlichen Skeletts zu tödlichen Wirbelsäulenverletzungen führen. Zwerghamster sind wegen ihrer geringen Körpergröße und Flinkheit weniger für den Freilauf geeignet.

Neugierig beschnuppert Romeo die Sonnenblume. Sind da etwa noch leckere Kerne drin?

Der Absturz

Romeo ist ein wahrer Kletterkünstler. Daran hätte ich denken müssen, als ich gestern mein Zimmer lüftete, während Romeo Auslauf hatte. Mir nichts dir nichts war mein kleiner Goldhamster auf dem Fensterbrett und husch an der Hauswand entlang hinauf aufs Dach geklettert. Ich hörte, wie er in der Dachrinne herumtrippelte. Vielleicht konnte ich ihn ja noch einfangen. Bloß - wie sollte ich das anstellen? Unser Dach ist ziemlich schräg, so dass man vom Speicher nicht hinausklettern kann, ohne einen Absturz zu riskieren. Ich rannte trotzdem hoch, öffnete die Dachluke und sah Romeo. Das Näschen schnuppernd nach vorne gestreckt rannte er unaufhaltsam dem Abflussrohr entgegen. Es geschah, was geschehen mußte: Romeo rutschte durch das etwa sechs Meter lange Rohr und landete mit einem Plumps im Eimer. Ja, jetzt fiel es mir ein, den Eimer hatte ich gestern bei der Gartenarbeit halb voll Laub gesammelt und offensichtlich genau unter dem Abflussrohr abgestellt. Ach, mein armer Romeo! Konnte er diesen Sturz überlebt haben? Eilig lief ich die Treppe hinunter und hinaus in den Garten. Aber Romeo zeigte sich schon wieder topfit. Vergeblich versuchte er an den glatten Wänden des Eimers emporzuklettern, und so war es ein Leichtes für mich, ihn zurück in seinen Käfig zu transportieren.

5 Am Gitter
Vom Käfigdach aus will sich Romeo zunächst mal einen Überblick verschaffen.

6 Der Früchtewürfel
Derartige Früchtewürfel gibt es im Zoofachhandel zu kaufen. Während des Freilaufs sorgt dieser Leckerbissen für Stärkung.

Gefahrenquellen

➜ Glatte, nasse, kalte und zugige Fußböden (Verletzungs- und Erkältungsgefahr).

➜ Stromleitungen, Elektrogeräte (tödlicher Stromschlag, Verbrennungen).

➜ Mit Wasser gefüllte Gefäße (Gefahr des Ertrinkens).

➜ Spitze Gegenstände wie etwa Reißnägel (Verletzung der Backentaschen).

➜ Giftige Zimmerpflanzen wie z. B. Becherprimel, Christusdorn, Korallen-bäumchen, Weihnachtsstern (Vergiftungsgefahr).

➜ Gebeiztes und lackiertes Holz (Vergiftungsgefahr).

➜ Medikamente (Vergiftungsgefahr).

➜ Wandspalten, Heizkörper, Sockel von Einbaumöbeln (Gefahr des Einklemmens).

1 Die Küchenrolle
Auf Hamsterformat zerkleinert kann Romeo die Küchenrolle als herrlich weiches Polstermaterial für sein Schlafhäuschen verwenden.

2 In der Schachtel
Es war kein Problem für Romeo mit Hilfe der Pfötchen und des Schwänzchens die Schachtel zu öffnen. Als Lohn winkt eine Haselnuß.

3 Im Schmuckkästchen
Hier ist Romeos Lieblingsplätzchen, wenn er sich von seinen Abenteuern ausruhen möchte. Auf der Papierserviette schläft sich's wunderbar.

4 Der Reisstrohbesen
Er wird zuerst einmal ausgiebig beschnuppert und dann schließlich angeknabbert.

Spiel und Spaß
mit dem Hamster

Wie alle Hamster besitzt auch Romeo einen ausgeprägten Erkundungstrieb und möchte viel beschäftigt werden. Anfangs ließ er sich von Nicola nur mit einem Leckerbissen über die kleine Holzwippe locken. Doch dann konnte er gar nicht mehr genug von diesem lustigen »Hometrainer« bekommen.

3 Holzbrücke
Auch diese biegbare Holzbrücke lässt sich vielseitig im Käfig verwenden und animiert den Hamster zu akrobatischen Kunststückchen.

4 Sisalkugel
Sie werden sehen, wie viel Spaß Ihr Hamster beim Versteckspielen in der kleinen Höhle mit den vielen Ausgängen hat.

Spiellandschaft gestalten

Bieten Sie Ihren Hamstern immer wieder Neues zum Erkunden und Klettern an.

1 Laufrad
Es sollte achsseitig geschlossen sein, damit sich der Hamster nicht verletzen kann. Der Querdurchmesser muss mindestens 16 cm betragen.

2 Spielplatz im Käfig
Spielplätze aus Natur- oder Sperrholz (rechts) gibt es im Zoofachhandel zu kaufen. Hier kann der Hamster ausgiebig Gymnastik treiben.

Abenteuerspielplatz für Hamster

In freier Natur kann es einem Hamster nie langweilig werden, wohl aber als Heimtier im Käfig. Deshalb ist es wichtig, ihn ausgiebig zu beschäftigen und seine hoch entwickelten Sinnesorgane zu fordern. Das Foto unten zeigt Ihnen, wie einfach Sie Ihren Hamster für eine ganze Weile unterhalten können. Getrocknete Pinienzapfen gibt es in jedem Gartencenter zu kaufen. Klemmen Sie z.B. »Studentenfutter« oder andere Leckerbissen fest in die Öffnungen des Zapfens und lassen Sie Ihren Hamster sein Futter »erarbeiten«. Mit Feuereifer wird sich der Kleine daranmachen, die Leckerbissen herauszufieseln.

Ein Pinienzapfen dient der Beschäftigung und ist gleichzeitig etwas für den verwöhnten Gaumen.

HAVE FUN 47

Welcher Verhaltenstyp ist mein Hamster?

Hamster können im Verhalten sehr unterschiedlich sein. Im Wesentlichen lassen sich zwei Typen unterscheiden - der neugierige, draufgängerische Entdecker (Typ I) und das vorsichtige, zurückhaltende Sensibelchen (Typ II). Beobachten Sie Ihren Hamster und kreuzen Sie an, wie er sich in bestimmten Situationen verhält.

	JA	NEIN
1 Kommt Ihr Hamster abends sofort aus dem Häuschen, sobald sich etwas rührt?	○	○
2 Verstaut er alles ohne zu zögern in den Backentaschen?	○	○
3 Unterbricht er das Einhamstern oft, um zu sichern?	○	○
4 Untersucht er neue Gegenstände im Käfig sofort?	○	○
5 Huscht er beim Freilauf immer nur schnell an der Wand entlang?	○	○
6 Kommt er nach kurzem Beschnuppern ohne zu überlegen auf die Hand?	○	○
7 Putzt er sich ungeniert mehrere Minuten?	○	○
8 Dreht er sich bei Berührung gleich maunzend auf den Rücken?	○	○
9 Beißt er unvermittelt zu?	○	○
10 Lässt er das Laufrad unbeachtet?	○	○

Auflösung: Ihr Hamster gehört zu Typ I, wenn Sie die Fragen 1, 2, 4, 6 und 7 mit Ja beantwortet haben. Er gehört zu Typ II, wenn Sie die Fragen 3, 5, 8, 9 und 10 bejaht haben.

7 Kletterwürfel

Auch diese Kletterwürfel aus Holz gibt es im Zoofachhandel. Sie eignen sich sowohl für den Käfig wie auch für den Parcours.

8 Terrarienstein

Das dekorative Stein mit seiner porösen Oberfläche und seiner bizarren Form ist eigentlich für Terrarientiere gedacht. Doch auch der Hamster hat seine Freude daran.

5 Fitness-Parcours

Hier findet der Hamster alles, was sein Herz begehrt: Wurzeln zum Klettern, eine Wippe zum Balancieren, eine Buddelschale mit Sand, einen Unterschlupf für das Schläfchen zwischendurch, erhöhte Logenplätze und eine Knabbermahlzeit.

6 Leiter

Mit Leiterchen aus Holz kann man den Fitness-Parcours, der immer auf dem Zimmerfußboden aufgebaut werden sollte, noch abwechslungsreicher gestalten.

Beschäftigung groß geschrieben

Spielen im Sinne von körperlicher Betätigung zum Zeitvertreib, so aus Jux und Tollerei, kennt der Hamster nicht. Das würde einer sinnlosen Energievergeudung gleichkommen. Der Kampf um das tägliche Brot in der Wüste ist nämlich so hart, dass er gelernt hat, mit seinen Kalorien zu haushalten.

Als Einzelgänger beschäftigt er sich auch nicht spielerisch mit einem Partner, wie dies bei Rudeltieren der Fall ist, die vieles gemeinsam unternehmen. Von Ihrem Hamster können Sie nur dort eine unseren Vorstellungen entsprechende Reaktion erwarten, wo sein natürliches Verhaltensrepertoire angesprochen wird.

Das müssen Eltern ihren Kindern erklären, wenn es um das Einrichten eines Abenteuerspielplatzes und um das Anschaffen von Hamsterspielzeug geht. Hamster begeistern sich nicht an Dingen, die den Spielsachen von Kindern nachempfunden sind. Verzichten Sie vor allen Dingen auf tierquälerische Artikel wie das so genannte »Hamsterauto« oder den »Hamsterball«. Es gehört schon eine gehörige Portion Gefühllosigkeit dazu, einen Hamster in solch ein enges Behältnis zu sperren und sich zu amüsieren, wenn er es durch sein Laufen in Bewegung setzt. Je schneller das Tier läuft, weil es dem Gefängnis entkommen möchte, desto schneller wird das Gefährt. Ein makaberer Spaß!

Das gefällt Ihrem Hamster

Empfehlenswerte Beschäftigungsmöglichkei-ten sind z. B. Röhren aus Trockengras mit Öffnungen zum Hinein- und Hinauskriechen oder Spielgeräte aus Holz wie beispielsweise ein mehrfach durchbohrter Würfel, eine Wippe oder ein tunnelartig ausgehöhlter Holzrundling. Jedoch entspringt alles, was bei einem Hamster nach Spielen aussieht, seinem Erkundungsverhalten in

Julia klettert Florian mit Vorliebe auf die Schulter. Doch diese Kletterübung darf sie nur dann machen, wenn Florian im Sessel sitzt, damit sie bei einem Absturz weich landet.

HAVE FUN 49

Der Wohlfühl-Test für Ihren Liebling

Wie viele Stunden ist Ihr Hamster abends und frühmorgens auf Achse?
- 1/2 Stunde — *0 Punkte*
- 1 Stunde — *1 Punkt*
- länger — *3 Punkte*

Zeigt er Interesse an Veränderungen seiner Umgebung?
- läuft vorbei — *0 Punkte*
- schnuppert kurz — *1 Punkt*
- untersucht intensiv — *3 Punkte*

Kommt er auf Ihre Hand, wenn Sie ihm diese zum Hochklettern anbieten?
- ja — *3 Punkte*
- nein — *0 Punkte*

Nagt Ihr Hamster gerne?
- ja — *3 Punkte*
- nein — *0 Punkte*

Wie sieht sein Fell aus?
- glänzend — *3 Punkte*
- struppig — *0 Punkte*

Was macht Ihr Hamster, wenn Sie das Käfigtürchen zum Freilauf öffnen?
- er ist ängstlich — *0 Punkte*
- er überlegt lange — *1 Punkt*
- er ist sofort draußen — *3 Punkte*

Wie viel des angebotenen Futters trägt er in sein Häuschen?
- wenig — *0 Punkte*
- etwa die Hälfte — *1 Punkt*
- alles — *3 Punkte*

Welchen körperlichen Gesamteindruck macht Ihr Hamster?
- mager — *0 Punkte*
- weder zu dick noch zu dünn — *1 Punkt*
- rund und mollig — *3 Punkte*

Wie hält er es mit seiner Körperpflege?
- putzt sich häufig — *3 Punkte*
- gelegentlich — *1 Punkt*
- gar nicht — *0 Punkte*

Wie sieht die Umgebung von Mund, Nase, Augen und After aus?
- alles nass, Haut gerötet — *0 Punkte*
- trocken und sauber — *3 Punkte*
- Haare etwas verklebt — *1 Punkt*

0 – 10 Punkte: Der Hamster hat Probleme. 10 – 18 Punkte: Dem Hamster könnte es besser gehen. 18 – 25 Punkte: Der Hamster fühlt sich wohl. 25 – 30 Punkte: Der Hamster ist optimal in Form.

Verschollen

Neulich habe ich etwas Unglaubliches in der Zeitung gelesen. In England war ein Goldhamster unbemerkt in die Gefriertruhe geschlüpft. Sein Besitzer fand ihn dort nach drei Tagen leblos und steif gefroren. Todunglücklich legte er den Hamster auf den Tisch und bereitete alles dafür vor, um ihn im Garten zu begraben. Doch zwei Stunden später geschah das Wunder: Der Hamster taute auf und begann, zunächst noch etwas tapsig, herumzulaufen.
Auch Romeo war jetzt seit drei Tagen verschwunden. Als erstes hatte ich selbstverständlich in der Kühltruhe nachgeschaut. Doch Gott sei Dank, dort war mein Hamster nicht. Nochmals durchsuchte ich gründlich jedes Zimmer in der Wohnung. Aber Romeo blieb verschwunden. Wo war er bloß? Ich grübelte darüber nach, während ich mich ziemlich mißmutig an den anstehenden Frühjahrsputz machte. Diesmal wollte ich ganz besonders gründlich sauber machen.
Mit viel Anstrengung gelang es mir, den Kühlschrank von der Wand zu rücken. Auch hier wollte ich putzen. Und was sah ich dort? Romeo hatte sich unter dem Kühlschrank gemütlich eingerichtet. Mitten in einem Berg Cornflakes, die er still und heimlich in sein Versteck geschleppt hatte, schlief Romeo den Schlaf der Gerechten.

Zusammenhang mit der Futtersuche. Sobald er eine Klettervorrichtung mit der Nase untersucht und ein paar Mal ausprobiert hat, ist sie für ihn nicht mehr interessant. Er möchte stets Abwechslung haben. Auch in der Natur verändert sich ein Hamsterbiotop sehr schnell. Dazu genügen ein paar kräftige Windstöße oder ein plötzlicher Regenguss.

Deshalb sollte man gegen die Käfiglangeweile immer wieder andere Gegenstände zum Beschnuppern, Durchkriechen, Verstecken, Beklettern und Untersuchen anbieten. Das müssen nicht immer teure Zubehörteile sein. Sie können dabei Ihrer Fantasie freien Lauf lassen: Schächtelchen, Kistchen, Wurzelteile und Rindenstücke vom Spaziergang, Kunststoffrohre, Hohlziegel – alles wird dankend akzeptiert. Achten Sie aber bei den ausgewählten Gegenständen immer auf eventuelle Verletzungsgefahren beziehungsweise auf giftige Komponenten in Form von Klebstoffen oder Farben. Denken Sie daran, dass unsere Vorstellung vom Spielen der Gefühlswelt der Hamster oft völlig fremd ist. Eingesperrtsein in der Puppenstube oder Fahren mit der elektrischen Kindereisenbahn lösen bei dem Tier mit Sicherheit denselben Stress aus wie der »Hamsterball« oder das »Hamsterauto«.

TIPP vom ZOOHÄNDLER

Wenn Ihr Hamster nach dem Freilauf im Zimmer nicht zurück in den Käfig will, leistet ein Plastikbecher gute Dienste, um ihn einzufangen. Als Höhlenbewohner sucht er gern in einem derartigen Behältnis Zuflucht, und Sie können den Ausreißer problemlos zurück in den Käfig setzen.

Geschickt benutzt der Hamster seine Vorderpfötchen zum Festhalten einer Weizenähre.

Glücklich und aktiv
im Alter

Kuno ist mit seinen zwei Jahren zwar bereits ein »alter Herr«. Doch er beobachtet immer noch neugierig und aufmerksam die Umgebung, wenn er wach ist. Auch an seiner Vorliebe für ein saftiges Stück Möhre hat sich nichts geändert. Mit diesem Leckerbissen vor der Nase lässt er sich sogar dazu bewegen, ein paar Turnübungen an seinem Holzleiterchen zu absolvieren.

Wie alt werden Hamster?

Mit eineinhalb Jahren zählt ein Hamster bereits zu den Senioren. Jedoch gibt es bei ihm keinen gemütlich ausklingenden Lebensabend wie etwa bei einem Rentner.

Bei einem Hamster geht auch das Altern so rasant vonstatten, wie sein ganzes Leben ablief. Denken Sie dabei nur an die extrem kurze Tragezeit von 16 Tagen, während der sich aus einer befruchteten Eizelle ein fertiger kleiner Hamster entwickelt. Hamster bringen alles quasi im Eiltempo hinter sich, wozu höher stehende Säugetiere ein Vielfaches an Zeit benötigen.

Sie werden in freier Wildbahn oft nur ein Jahr alt, da sie viele natürliche Feinde haben. Ein Alter von 2 bis 3 Jahren wie in der Heimtierhaltung erreichen sie nur selten.

Sobald ihre körperliche Behändigkeit nachlässt und ihre stetige Aufmerksamkeit gegenüber der Umwelt etwas zurückgeht, werden sie leicht zur Beute eines Greifvogels oder eines anderen Raubtieres.

Aus diesem Grund sind in den Ursprungsgebieten

Was sich im Alter ändert

➜ Verhalten:
Der Hamster verlässt sein Häuschen zu den gewohnten Zeiten nur noch selten und verschläft die meiste Zeit. Seine Umgebung scheint ihn nicht mehr zu interessieren. Auch hamstert er nur noch wenig ein.

➜ Aussehen:
Er magert ab und wirkt ein bisschen wie vertrocknet. Sein rundlicher Kopf nimmt eine eher spitze Form an. Das Fell verliert seinen Glanz und seine Gleichmäßigkeit. Es wirkt struppig und ungepflegt.

➜ Beweglichkeit:
Seine Bewegungen wirken ungelenk und etwas staksig, seine Schrittfolgen werden langsam und tippelnd.

➜ Körperhygiene:
Seine Kraft reicht nicht mehr aus, um sich so häufig zu putzen wie früher. Es kann sein, dass Sie im Bereich der Analregion gelegentlich mit einem Wattestäbchen nachhelfen müssen.

➜ Krankheiten:
Spezielle Alterserkrankungen sind bis auf das häufig zu beobachtende allmähliche Eintrocknen der Augen und eine zunehmende Tumorhäufigkeit nicht festzustellen.

➜ Sinnesleistungen:
Ob Sehen, Hören und Riechen direkt nachlassen, lässt sich nicht mit Bestimmtheit sagen.

des Hamsters fast nie alte Tiere anzutreffen. So grausam und hart sich das Leben in der Natur auch darstellt, so sinnvoll erweist es sich zur Erhaltung der Art und des biologischen Gleichgewichts.

Streng genommen ist die Hauptaufgabe eines Lebewesens darin zu sehen, für Nachkommenschaft zu sorgen. Sobald dies nicht mehr möglich ist, fehlt für das Einzeltier die Existenzberechtigung. Auch die knapp bemessene Futtergrundlage, das Verhindern von Siechtum und das Entstehen von seuchenhaften Krankheiten spielen in diesem Gesamtkonzept eine wichtige Rolle.

Ohne die Situation vermenschlichen zu wollen, genießt hier der Hamster in der Heimtierhaltung einige Vorteile. Für sein leibliches Wohl und für seine Ansprüche als Ruheständler ist bis zuletzt gesorgt. Insofern könnte man sagen, dass er in der Obhut des Menschen alt und glücklich werden kann. Ob er das so empfindet, bleibt dahingestellt – auch bei uns selbst ist »old and happy« oft nicht mehr als ein flotter Spruch!

Woran Sie einen »alten« Hamster erkennen

Der Alterungsprozess beim Hamster setzt relativ unvermittelt ein und geht im Gegensatz zu Hund

Dshungarische Zwerghamster sind verträglicher als Goldhamster. Sie fühlen sich auch in der Gesellschaft von Artgenossen wohl – vorausgesetzt, der Käfig ist groß genug.

TIPP vom TIERARZT

Hamster reagieren extrem empfindlich auf Lärm oder Störungen während der Ruhephasen. Dies verursacht bei ihnen Stress und setzt ihre körperliche Widerstandsfähigkeit gegenüber Infektionen herab. Sie werden krank und sterben schließlich vorzeitig.

und Katze sehr schnell vonstatten. Wenn Sie Ihren kleinen Freund gut beobachten, können Sie die Anzeichen dafür nicht übersehen. Während er früher in den Abendstunden immer gleich aus seinem Schlafhäuschen kam, um sich ausgiebig zu putzen und im Käfig nach dem Rechten zu sehen, lässt er sich jetzt auffallend viel Zeit damit. Er macht ständig einen unausgeschlafenen Eindruck.

Das Laufrad scheint ihn auch nicht mehr richtig zu interessieren, und vom Futter hamstert er nur noch wenig ein – als wüsste er, dass er es nicht mehr aufbrauchen kann. Seine Bewegungen werden zunehmend tapsig und unsicher. Er magert ab, und der Bauch wirkt aufgezogen. Sein rundlicher Kopf nimmt eine eher spitze Form an. Sein ehemals glattes, glänzendes Haarkleid erscheint struppig und unansehnlich, weil ihm zur ausgiebigen Fellpflege jetzt offensichtlich die nötige Kraft fehlt.

Wie Hamster sterben

Alte Hamster sterben meistens völlig unspektakulär und unbemerkt.

Eines Tages findet man den kleinen Körper leblos in seinem Schlafnest oder eingerollt in einer Ecke des Käfigs. Da die Tiere wie schlafend aussehen, kann man einen »Todeskampf« mit allergrößter Wahrscheinlichkeit ausschließen. Sie scheinen wie eine Kerze zu verlöschen.

Anders ist die Situation im Falle einer beispielsweise tumorösen Erkrankung, bei der ein längeres Siechtum vorherzusehen ist. Hier sollte zusammen mit dem Tierarzt in einem vorbehaltlosen Gespräch der Zeitpunkt für eine schmerzlose Tötung des Hamsters durch eine einschläfernde Injektion festgelegt werden.

Entscheidend für diesen Schritt muss dabei immer das Befinden des Tieres sein. Nicht der Mensch, der den Verlust seines kleinen Freundes verschmerzen muss, steht hier zur Debatte, sondern die Frage, inwieweit für das Tier mit seinem Leiden noch Lebensqualität gegeben ist oder nicht. Manch einer, der sich aus lauter Liebe um diese Entscheidung herumdrückt, ist gar nicht der Tierfreund, für den er sich hält.

Als Tierarzt muss ich dem Tierbesitzer in diesem Zusammenhang gelegentlich die Frage stellen, ob es nicht egoistische Motive sind, die hier im Vordergrund stehen – egoistisch in dem Sinn, dass man den Trennungsschmerz umgehen oder zumindest noch einige Zeit hinausschieben möchte.

So gesehen kann es sein, dass die manchmal grausam erscheinende Natur die gnädigere Alternative darstellt.

Abschied vom Tier

Besonders bei Kindern kann der Verlust des geliebten Tieres zu einer vorübergehenden seelischen Belastung führen. Sie verleihen ihren kleinen Freunden oft den Status von Geschwistern, indem sie sich mit ihnen stark identifizieren, Gespräche mit ihnen führen und sie zärtlich umsorgen, wie sie es sich selbst von Erwachsenen wünschen. Die Erinnerung an den Verlust eines derart mit ihnen verbundenen Lebewesens bleibt oft für alle Zeit erhalten, weil es sich um die erste Konfrontation mit dem Tod handelt. Eltern müssen hier viel Feingefühl aufbringen und dem Kind helfen, diesen Schmerz zu verarbeiten. Völlig falsch ist es, ein neues Tier als Ersatz zu versprechen.

Dies wird weder dem Empfinden des Kindes gerecht noch der Persönlichkeit des Tieres. Letzteres wird damit zu einem beliebig austauschbaren Objekt degradiert, und dem Kind wird eine sehr bedenkliche Wertvorstellung von einem Mitgeschöpf vermittelt.

Auch irgendwelche herzzerreißenden Geschichten vom Tierhimmel sind nicht angebracht. Vielmehr sollte auf die Realität der Kurzlebigkeit der Hamster eingegangen und das Sterben aus biologischer Sicht erklärt werden.

Auch im Alter braucht der Hamster Bewegung. Dieser hier läuft mit Begeisterung auf einem Kranz aus Sisalschnüren.

Nach meiner Erfahrung ist das Beerdigen des kleinen Leichnams an einer geeigneten Stelle des Gartens am tröstlichsten. Dies ist vom Gesetz her erlaubt und lässt sich leichter mit dem Empfinden vereinbaren als die übrigen Möglichkeiten des so genannten »Entsorgens«. Außerdem kann die Grabstelle wie bei verstorbenen Familienmitgliedern besucht und gepflegt werden, so dass die Verbindung mit dem Tier noch eine Zeitlang bestehen bleibt. Der Platz lässt sich beispielsweise mit einem kleinen Busch oder einer Blumenstaude markieren.

Meine Tochter Barbi, inzwischen selbst Tierärztin, besaß als kleines Mädchen auch einen Goldhamster. Weil er schwarz war, hieß er Blacky. Als Blacky eines Morgens tot in seinem Schlafhäuschen lag, war meine Tochter so traurig, dass ich ihr zum Trost ein feierliches Begräbnis versprach. »Aber mit einem echten Grabstein!« fügte sie schluchzend hinzu. Also ließ ich in eine große Bachkugel aus der nahegelegenen Loisach vom Steinmetz »Blacky« einmeißeln. Der Stein liegt heute noch im Garten und erinnert an unseren ersten Goldhamster. Vielleicht gefällt Ihnen diese Idee zur Bewältigung des Trauerfalls!

Hamster lieben es salzig. Wie alle Pflanzenfresser brauchen sie einen Salzleckstein im Käfig. Fehlt er, müssen die Finger des Pflegers als Ersatz herhalten.

Der Wäschefan

Romeo hatte sich wieder einmal während seines Freilaufs im Zimmer unbemerkt davongeschlichen und war nun schon seit über einer Stunde nicht mehr aufzufinden. Seufzend machte ich mich daran, endlich den Wäscheberg zu bügeln, der sich so im Laufe der vergangenen Wochen angesammelt hatte. Romeo würde schon wieder auftauchen.
Nach gut zwei Stunden war der Wäschekorb fast leer. Aha, da war ja meine Lieblingsbluse! Ich breitete sie sorgfältig auf dem Bügelbrett aus und erstarrte. Meine Lieblingsbluse sah aus wie ein Schweizer Käse, völlig durchlöchert! Da ging mir ein Licht auf. Das konnte ja nur Romeos Werk sein! Rasch nahm ich die restliche Wäsche aus dem Korb und legte sie zur Seite. Wohl durch mein Hantieren gestört, lugte Romeo plötzlich überrascht zwischen zwei Unterhosen hervor.
Jetzt gab es kein Pardon mehr. Ich packte Romeo mit Daumen und Zeigefinger in der Genickfalte und beförderte ihn zurück in seinen Käfig. Dann zog ich eine Schadensbilanz. Das kleine Biest hatte doch tatsächlich mit seinen scharfen Nagezähnchen drei Blusen, zwei Unterhosen, zwei Paar Strümpfe und zwei T-Shirts so bearbeitet, dass sie nur noch als Putzlappen zu gebrauchen waren.

Register

Die **halbfett** gesetzten Seitenzahlen verweisen auf Farbfotos

A
Abschied vom Tier	57
Abwehrbereitschaft	23
Alter	16, 18, 52, 54
Alterungsprozess	55
Angst	28
Augen	19
Aussehen	14, 54
Ausstattung	**6/7**, 7

B
Backentasche	16
Beschäftigung	3, 40-51, **40/41**, **42-46**
Beweglichkeit	54
Bodenwanne	7
Buddeln	22

C
Campell-Zwerghamster	14
Chinesischer Streifenhamster	14
Chinesischer Zwerghamster	14

D
Deckungsschutz	22
Dehnen	24
Demutshaltung	23
Duftmarken	18
Dshungarischer Zwerghamster	**2**, **14**, 55

E
Einfangen	51
Einzelhaltung	16
Eiweiß, tierisches	9
Ernährung	9

F
Familie	16
Fauchen	23
Feinde	28
Feldhamster	14
Fingerzahm	34
Fitness-Parcours	43-46
Flankendrüsen	18
Flohalter	23
Freilauf im Zimmer	11, 36, 36-38
Futter	9, **4/5**, **8/9**, **19**, 24, 51
-suche	22
-zahm	33
Futtergefäße	7
Fütterungszeit	9
Futtervorrat anlegen	4, 9

G
Gähnen	23
Gefahrenquellen	38
Gehör	18
Gemischtköstler	9
Geruchssinn	16, 17
Gruppengeruch	18

H
Halten in der Hand	**17**
Haltung	4
Handzahm	34
Hamsterklo	11. **11**
Hamsterspielzeug	**42-46**, 48, 51
Heimat	14
Heimtiere, andere	35
Hören	18

K
Käfig	7, 17
-ausstattung	**6/7**, 7
-gitter	7
-grundfläche	7
-langeweile	51
-reinigung	11
-standort	7
Kinder und Hamster	**2**, **26/27**, 28, **48**
Klettern	21, 47, 49, **64/65**
Körperhygiene	11, 54
Körpersprache	21-24
Knabberstange	9
Komfortverhalten	24
Krankheiten	54

L
Langhaarhamster	11
Laufrad	7
Lautsprache	24
Lebenserwartung	16, 18, 54
Lebensraum	14
Lebensweise	16

Lippenspalte	16	
Luftsprünge	23	

N
Nachttier	18, 19	
Nagematerial	11	
Nahrung	4/5, 8/9, 9, 51	
Nervosität	22	
Neugierde	23	
Nistmaterial	7, 11	

O
Obst	9	
Ohren, angelegte	23	
Ohrmuschel	18	

P
Paarhaltung	17	
Pflanzenfresser	16	
Pflanzen, giftige	11	
Pflege	11	
Putzen, hektisches	22	

R
Reinigung des Käfigs	11	
Riechen	16, 17, 30, 36	
Revier	16	
Roborowski-Zwerghamster	14, 29	

S
Saftfutter	9	
Schlafhäuschen	7	
Schneidezähne	16	
Schneidezähne, entblößte	23	
Schwarzbauchhamster	14	
Sehen	18, 19	
Sichern	23, 52/53	
Sich putzen	10/11, 11, 25	
Strecken	23	
Stress	17, 28, 56	
Süßigkeiten	9	
Syrischer Goldhamster	14	

T
Talgdrüsen	18	
Tasthaare	19	
Tastsinn	19	
Trinkwasser	9	
Tumorerkrankungen	56	

U
Unterwerfung	23	
Urinecken	11	

V
Ventraldrüsen	18	
Verbeißen	23	
Verhalten	54	
Verhaltensweisen	21	
Verlegenheit	22	
Verteidigung	14, 16	
Vertrauen	32, 32, 33, 34	
Vibrationsorgan	21	
Vibrissen	17, 19	

W
Wittern	18	
Wohlbehagen	24	

Z
Zwerghamster	14	

Kolbenhirse wird mit Begeisterung verspeist.

Dr. Peter Hollmann studierte Veterinärmedizin an der LMU München. Seit vielen Jahren engagiert er sich für die artgemäße Haltung von Heimtieren. Einem breiten Publikum wurde er durch zahlreiche Veröffentlichungen, Fortbildungsveranstaltungen sowie Rundfunk- und Fernsehbeiträge bekannt.

Monika Wegler gehört zu den besten Heimtierfotografen Europas. Sie arbeitet außerdem als Journalistin und Tierbuch-Autorin. Alle Aufnahmen dieses Ratgebers stammen von ihr, mit Ausnahme von: Reinhard, Seite 35.

Gabriele Linke-Grün arbeitet seit vielen Jahren als freie Journalistin für die GU-Naturbuchredaktion, verschiedene Tierzeitschriften und Schulbuchverlage. Sie schrieb die Hamster-Erlebnisse.

Adressen

- Bundesarbeitsgruppe Kleinsäuger, Auskunft über Herrn Klaus Rudloff, Tierpark Berlin Friedrichsfelde, Am Tierpark 125, 10307 Berlin oder Frau Anjali Gutleber, Landshuter Str. 36, 84187 Wenghörmannsdorf
- RÖK Rassezuchtverband Österreichischer Kleintierzüchter, Geschäftsstelle: Dr. Karl-Lueger Ring 14/II, 1010 Wien
- Ihr Zoofachhändler und der Zentralverband Zoologischer Fachbetriebe Deutschlands e.V., 63225 Langen, Tel. 06103/910 732 (nur telefonische Auskunft möglich)

Zeitschriften

- Hamster & Co, Branchen-Fachverlag Ulrich, 36211 Alheim
- Das Tier, Egmont Ehapa Verlag, 70771 Leinfelden-Echterdingen
- Geflügel-Börse, Verlag Jürgens KG, 82102 Germering

Dank

Fotografin und Verlag danken der Firma Wagner & Keller, Ludwigshafen, für die freundliche Unterstützung. Die Firma setzt sich seit langem erfolgreich für die tiergerechte Unterbringung in Vogel- und Kleintierheimen ein.

Impressum

© 2000 Gräfe und Unzer Verlag GmbH, München. Alle Rechte vorbehalten. Nachdruck, auch auszugsweise, sowie Verbreitung durch Bild, Funk und Fernsehen, durch fotomechanische Wiedergabe, Tonträger und Datenverarbeitungssysteme jeder Art nur mit schriftlicher Genehmigung des Verlages.

Redaktion: Anita Zellner, Gabriele Linke-Grün
Umschlaggestaltung und Layout: Heinz Kraxenberger
Satz/Herstellung: Heide Blut
Produktion: Susanne Mühldorfer
Reproduktion: Fotolito Longo
Druck und Bindung: Stürtz
Printed in Germany

ISBN: 3-7742-1254-6

Auflage:	4.	3.	2.	1.
Jahr:	03	02	01	2000

Das Original mit Garantie

Ihre Meinung ist uns wichtig. Deshalb möchten wir Ihre Kritik, gerne aber auch Ihr Lob erfahren. Um als führender Ratgeberverlag für Sie noch besser zu werden. Darum: Schreiben Sie uns! Wir freuen uns auf Ihre Post und wünschen Ihnen viel Spaß mit Ihrem GU-Ratgeber.

Unsere Garantie: Sollte ein GU-Ratgeber einmal einen Fehler enthalten, schicken Sie uns bitte das Buch mit einem kleinen Hinweis und der Quittung innerhalb von sechs Monaten nach dem Kauf zurück. Wir tauschen Ihnen den GU-Ratgeber gegen einen anderen zum gleichen oder ähnlichen Thema um.

Ihr Gräfe und Unzer Verlag
Redaktion Natur
Postfach 860325
81630 München
Fax: 089/41981-113
e-mail:
leserservice@graefe-und-unzer.de

AUS LIEBE ZUM TIER
damit Ihr Heimtier sich wohl fühlt

ISBN 3-7742-1254-6
64 Seiten
DM 16,90
ÖS 123,00
SFR 16,00

ISBN 3-7742-1243-0
64 Seiten
DM 16,90
ÖS 123,00
SFR 16,00

ISBN 3-7742-1241-4
64 Seiten
DM 16,90
ÖS 123,00
SFR 16,00

ISBN 3-7742-1249-X
64 Seiten
DM 16,90
ÖS 123,00
SFR 16,00

Damit es Ihrem Heimtier richtig gut geht: viele Tipps für Spiel und Spaß sowie Partner- und Wohlfühl-Test zum Ankreuzen. Auf Ausklappseiten: der Fitness-Parcours fürs Tier.

WEITERE LIEFERBARE TITEL:

➤ **In der Reihe GU TIERRATGEBER:**
Hamster, Zwergkaninchen, Meerschweinchen, Wellensittich

➤ **In der Reihe MEIN HEIMTIER:**
Der Hamster, Das Zwergkaninchen, Das Meerschweinchen, Der Wellensittich

Gutgemacht. Gutgelaunt.

So ist mein Hamster

Es kann vorkommen, dass Sie plötzlich verreisen müssen oder krank werden. Dann muss ein anderes Familienmitglied oder ein Nachbar kurzfristig die Pflege Ihres Hamsters übernehmen. Hier haben Sie die Möglichkeit, die Besonderheiten Ihres kleinen Freundes einzutragen.

So heißt mein Hamster:

....

Das ist seine Fellfarbe:

....

Daran erkenne ich ihn sofort:

....

So füttere ich ihn:

....

Das bekommt er als Leckerbissen:

....

....

Im Umgang mit ihm ist zu beachten:

....

....

Diese Pflegemaßnahmen ist er gewöhnt:

....

....

Das sind seine Marotten:

....

....